Hand- und Fingerpuppen stricken

Kuschelweich und ausdrucksstark – das sind unsere neuen Hand- und Fingerpuppen aus Flauschwolle und Effektgarn. Damit nicht nur das Spielen sondern schon das Stricken viel Freude macht, haben wir Puppen entworfen, die es in sich haben. Mit modernen Garnen werden plüschige Gesellen gestrickt und mit Filz, Bändern und Pailletten verziert. Einfache Schnitte und glatt rechts gestrickte Teile ermöglichen Strickanfängern schnellen Erfolg, aber auch Profis finden die eine oder andere Herausforderung. Nahezu alle Modelle werden mit nur zwei Nadeln gestrickt. Die Tierform ergibt sich durch Zu- und Abnahmen an den Rändern sowie separat gefertigte Teile als Ohren, Arme oder Beine. Mit etwas Geschick und Liebe zum Detail werden kleine Fingerpuppen mit Fransen, Noppen und Häkelrosetten angefertigt.

Dass diese knuddeligen Kerle ein Supergeschenk für alle Kinder sind, versteht sich fast von selbst.

Also, lassen wir zuerst die Nadeln und dann die Puppen tanzen.

Viel Freude beim Stricken und viel Spaß beim Spielen wünscht Ihnen

Kathja Hettenknecht

Lämmchen Molly

→ hallo, hier komme ich!

GRÖSSE
ca. 22 cm hoch

MATERIAL
- Schachenmayr Nordica in Weiß (Fb 02), 100 g
- Regia 4fädig, Rest in Dunkelbraun (Fb 2903)
- 1 Paar Strickd Nr. 6-7
- 2 Plastik-Tieraugen in Braun-Schwarz, ø 1,2 cm
- Füllwatte
- Karoband in Orange, 5 mm breit, 20 cm lang
- Satinband in Orange, 6 mm breit, 10 cm lang
- Metallglöckchen in Silber, ø 1,5 cm
- Nähnd

MASCHENPROBE
(Nordica, Nd Nr. 6)
12 M und 18 R = 10 cm x 10 cm

VORLAGEN-BOGEN 1A

Grundmuster

Glatt rechts: Hinr rechts, Rückr links

Körper

2 x anfertigen. 17 M in Weiß anschlagen und 18 R glatt rechts gerade hoch str. Anschließend 3 x in jeder 2. R beids 1 M zun. In der folgenden R noch beids je 2 M neu dazu anschlagen. 8 R gerade hoch arb. Nun beids 10 M abk und die mittleren 7 M stehen lassen. 8 R gerade hoch arb, danach in jeder 2. R beids 1 M abn, die restlichen 3 M rechts zusstr.

Kopf

Hinterkopf und Schnauze sind ein Teil. 8 M anschlagen und 14 R glatt rechts str, jedoch in der 3. und 7. R beids je 1 M zun. In der 15. R beids je 1 M abn, ebenso in der 19., 23. und 25. R. Nach insgesamt 27 R die restlichen 4 M abk.

Seitenteile des Kopfes

8 M anschlagen, glatt rechts gerade hoch arb. Dabei 2 x in jeder R am rechten Arbeitsrand je 1 M zun. 4 R gerade arb, anschließend in jeder R 2 x am rechten Arbeitsrand je 1 M abn, dann 1 x 2 M am rechten Arbeitsrand abn und noch 3 x in jeder R am rechten Arbeitsrand je 1 M abn. Restliche 3 M nach insgesamt 12 R abk. Das 2. Seitenteil gegengleich str.

Ohren

2 x anfertigen, dazu 6 M anschlagen und 17 R glatt rechts gerade hoch arb. In der 11. und 15. R jedoch beids je 1 M abn. Restliche 2 M nach 17 R abk.

Fertig stellen

Teile spannen, anfeuchten und trocknen lassen. Kopf gemäß Skizze auf dem Vorlagenbogen zusnähen. Die Ohren doppelt legen und mit einnähen. Den Kopf an den Körper nähen, eine Lücke zum Füllen lassen. Mit Füllwatte ausstopfen und zunähen. Glasaugen annähen, Nüstern im Knötchenstich (4 x gewickelt) und Maul im Stilstich mit Dunkelbraun aufsticken. Alle Fäden vernähen. Das Glöckchen auf das Satinband ziehen und zusammen mit dem Karoband um den Hals binden.

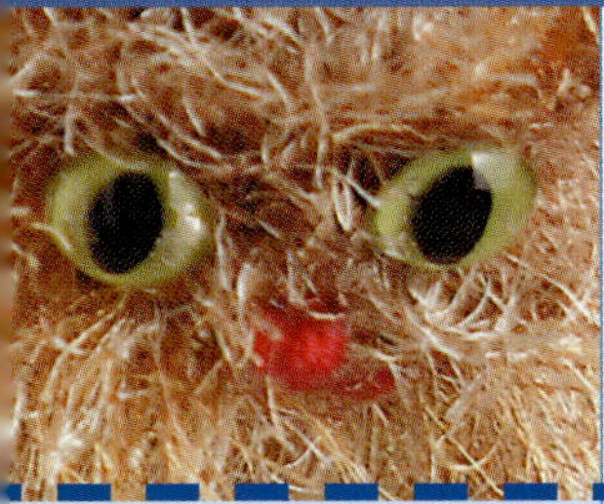

Fäustlingskatze Polli

→ zum Schmusen bereit

GRÖSSE
ca. 17 cm hoch

MATERIAL
- Schachenmayr Brazilia Fantasy Color in Mittelbraun (Fb 388), 100 g
- Regia 4fädig, Rest in Rosa-Rot (Fb 1258)
- Nadelspiel Nr. 4,5-5
- Häkelnd Nr. 6
- 2 Plastik-Katzenaugen in Grün-Schwarz, ø 1 cm
- Satinband in Maigrün, 6 mm breit, 20 cm lang
- Filzrest in Türkis
- Füllwatte
- Sicherheitsnd
- Nähnd
- Bürolocher
- UHU Alleskleber

MASCHENPROBE
(Brazilia Fantasy Color, Nd Nr. 4,5)
18 M und 28 R = 10 cm x 10 cm

VORLAGEN-BOGEN 1A

Grundmuster
Glatt rechts: in Rd nur rechte M

Rippenmuster
Hinr 1 M rechts, 1 M links im Wechsel, Rückr M str, wie sie erscheinen

Anleitung
30 M in Mittelbraun mit Nadelspiel anschlagen (Maschenverteilung der Nadeln: 7 M, 8 M, 7 M, 8 M), zur Rd schließen und 9 Rd im Rippenmuster arb. Dann 2 Rd glatt rechts arb. In der 3. Rd die letzten 2 M der 2. Nd und die ersten 2 M der 3. Nd (=4 M) auf einer Sicherheitsnd stilllegen und wieder neu anschlagen. Dann 20 Rd glatt rechts gerade hoch arb. Anschließend 2 Rd im Rippenmuster arb und glatt rechts weitere 14 Rd str. Für die Abnahme in jeder 2. Rd auf jeder Nd die ersten 2 M rechts zusstr und die letzen 2 M rechts verschränkt zusstr. Zum Schluss die restlichen 6 M zusziehen.

Schwanz
Die stillgelegten 4 M auf eine Nd nehmen und weitere 8 M aus dem Loch heraus arb. Hier mit 4 Nd arb (auf 3 Nd 4 M, 4. Nd zum Str). Jetzt 16 R glatt rechts gerade hoch arb. Dann in jeder R auf jeder Nd je 2 M zusstr. Die restlichen 3 M zusziehen.

Ohren
2 x arb. Garn doppelt nehmen und mit der Häkelnd 5 Lm häkeln. In der 1. und 2. R 4 fM häkeln. In der 3., 4. und 5. R je eine fM abn. Faden durch die letzte fM ziehen.

Fertig stellen
Teile spannen, anfeuchten und trocknen lassen. Ohren und Augen annähen, Fäden vernähen. Für die Nase einen 7-fach gewickelten Knötchenstich in Rosa-Rot anbringen und den Mund im Spannstich sticken. Kopf mit etwas Füllwatte ausstopfen und an den 2 Rd des Rippenmusters einen Faden einziehen und zusziehen. Den Fisch gemäß Vorlage 2 x zuschneiden und zuskleben. Dann den Fisch lochen, ein Band durchziehen und festbinden.

Familie Kuschel

→ Spielspaß für drei

GRÖSSE
Papa ca.
25 cm hoch
Mama ca.
20 cm hoch
Kind ca.
15 cm hoch

MATERIAL
- 1 Paar Stricknd Nr. 5-6
- Häkelnd Nr. 5-6 und Nr. 2-3
- je 2 Wackelaugen, ø 2 cm
- Nähnd
- UHU Alleskleber

PAPA
- Schachenmayr Brazilia Pompon in Mittelblau (Fb 52), 50 g
- Regia 4fädig Ringel Colors in Blau-Schwarz (Fb 5045), 50 g
- Regia 4fädig, Rest in Weiß (Fb 600)
- Filzrest in Hellblau

MAMA
- Schachenmayr Brazilia Pompon in Pink (Fb 35), 50 g
- Regia 4fädig Ringel Colors in Hellgrün-Pink (Fb 5048), 50 g
- Regia 4fädig, Rest in Schwarz (Fb 2066)
- Filzrest in Rosa
- Pailletten in Rot, ø 6 mm
- Rocailles mit Silbereinzug in Rot, ø 2,6 mm

KIND
- Schachenmayr Brazilia Pompon in Hellblau (Fb 53), 50 g
- Regia 4fädig Ringel Colors in Blau-Schwarz (Fb 5045), 50g
- Regia 4fädig, Rest in Schwarz (Fb 2066)
- Filzrest in Hellblau

MASCHENPROBE
(Brazilia Pompon, Nd Nr. 5)
14 M und 22 R = 10 cm x 10 cm

VORLAGENBOGEN 1A

Grundmuster
Glatt rechts: Hinr rechts, Rückr links

Rippenmuster
Hinr 1 M rechts, 1 M links im Wechsel, Rückr M str, wie sie erscheinen

Papa

Körper 2 x anfertigen. 20 M in Mittelblau anschlagen und 4 R im Rippenmuster str, dann 36 R glatt rechts gerade hoch arb. 4 x in jeder R, dann 3 x in jeder 2. R beids je 1 M abn. Die restlichen 6 M nach 10 R abketten. Die Ohren 2 x anfertigen. Brazilia Pompon doppelt nehmen und 8 Lm häkeln. In der 1. R 6 fM, in der 2. R 5 fM, in der 3. R 4 fM und in der 4. R 3 fM häkeln. Anschließend den Faden durchziehen.

Fertig stellen
Körperteile aneinander nähen, Ohren annähen, Fäden vernähen. Filznase nach Vorlage zuschneiden. Augen und Nase aufkleben. Mund im Stilstich aufsticken. Mehrere 12 cm lange Fäden in Regia Ringel zuschneiden, mittig abbinden und zwischen die Ohren nähen.

Mama

Körper 2 x anfertigen. 18 M in Pink anschlagen und 4 R im Rippenmuster str, dann 26 R glatt rechts gerade hoch arb. Jetzt 4 x in jeder R, dann 3 x in jeder 2. R beids je 1 M abn. Restliche 4 M nach 10 R abketten. Die Ohren 2 x anfertigen. Brazilia Pompon doppelt nehmen und 6 Lm häkeln, in der 1. R 5 fM, in der 2. R 4 fM und in der 3. R 3 fM häkeln, Faden durchziehen.

Fertig stellen
Siehe Papa. Statt Wollfäden werden 13 kleine Zöpfe zwischen die Ohren genäht. Pro Zopf 9 Fäden Regia

WEITERFÜHRUNG

Familie Kuschel

Ringel von 20 cm Länge flechten, diese mittig abbinden und zwischen den Ohren festnähen. Am unteren Rand die Filzblüten zus mit den Pailletten und den Rocailles festnähen.

Kind

Körper 2 x anfertigen. 14 M in Hellblau anschlagen und 4 R im Rippenmuster str, dann 22 R glatt rechts gerade hoch arb. Jetzt in jeder 2. R beids je 1 M abn. Die restlichen 4 M nach 10 R abketten.
Ohren: siehe Mama.

Fertig stellen

Siehe Papa. Statt Wollfäden eine Rosettenblume arb: Regia Ringel doppelt nehmen, 7 Lm häkeln und mit 1 Km zur Rd schließen. **1.Rd:** 7 x 17 Lm, mit fM enden und in den Ring einarb. **2.Rd:** darüber 7 x 7 Lm, mit fM enden, in den Ring einarb. Die Rosette zwischen den Ohren festnähen.

Hase Pretty

→ hoppelt ganz in Pink

Grundmuster

Glatt rechts: Hinr rechts, Rückr links

Rippenmuster

Hinr 1 M rechts, 1 M links im Wechsel, Rückr M str, wie sie erscheinen

Körper

2 x anfertigen, dafür in Pink 20 M anschlagen und 6 R im Rippenmuster str, danach 34 R glatt rechts gerade hoch arb. Anschließend 4 x in jeder 2. R gleichmäßig verteilt 4 M abn. Nach 10 R die restlichen 4 M abketten.

Ohren

2 x anfertigen. 6 M anschlagen und 32 R glatt rechts gerade hoch arb. Dabei in der 17. R beids 1 M abn, in der 27. R die beiden mittleren M zusstr und in der 32. R die letzen 3 M zusstr.

Fertig stellen

Körpernähte schließen. Chenilledraht um die Ohren legen, mit Häkelnd Nr. 4,5-5,5 fM anhäkeln. Alle Fäden vernähen. Augen aufkleben. Nase und Zähne gemäß der Vorlage aus Filz zuschneiden, an der Bruchlinie annähen und mittig zuskleben. Für die Haare eine Rosette aus Regia mit Häkelnd Nr. 2-3 häkeln: 7 Lm häkeln und mit 1 Km zur Rd schließen. 15 Lm häkeln, mit 1 fM in den Ring einarb. 9 x wdh. Die Rosette zwischen den Ohren festnähen.

GRÖSSE
ca. 23 cm hoch

MATERIAL
- Schachenmayr Brazilia Color in Pink (Fb 83), 50 g
- Regia 4fädig, Rest in Rosa-Rot (Fb 1258)
- Strickned Nr. 4,5-5,5
- Häkelnd Nr. 2-3 und 4,5-5,5
- 2 Wackelaugen, ø 2 cm
- Chenilledraht in Rosa, ø 6 mm, 2 x 30 cm lang
- Filzreste in Rosa und Weiß
- Nähnd
- UHU Alleskleber

MASCHENPROBE
(Brazilia Color, Nd Nr. 4,5)
18 M und 28 R = 10 cm x 10 cm

VORLAGENBOGEN 1A

Traumpferd Lotte

→ aus einer anderen Welt

GRÖSSE
ca. 28 cm hoch

MATERIAL
- Nordica in Grau (Fb 90), 100 g
- Schachenmayr Boston in Lila (Fb 38), 50 g
- 1 Paar Stricknd Nr. 6-7
- Häkelnd Nr. 7
- 2 Glas-Tieraugen in Topas, ø 1,4 cm
- Füllwatte
- Nähnd
- evtl. Haarspray

MASCHENPROBE
(Nordica, Nd Nr. 6)
12 M und 18 R = 10 cm x 10 cm

VORLAGENBOGEN 1B

Grundmuster

Glatt rechts: Hinr rechts, Rückr links

Rippenmuster

Hinr 1 M rechts, 1 M links im Wechsel, Rückr M str, wie sie erscheinen

Körper

2 x in Nordica Grau anfertigen. Dafür 17 M anschlagen und 2 R im Rippenmuster arb, danach 16 R glatt rechts gerade hoch arb. Anschließend 3 x in jeder 2. R beids 1 M zun. In der folgenden R noch beids je 2 M neu dazu anschl. 8 R gerade hoch arb. Nun beids 10 M abketten und die mittleren 7 M stehen lassen, diese 8 R gerade hoch arb. Danach in jeder 2. R beids 1 M abn, restliche 3 M rechts zusstr.

Kopf

16 M anschlagen und 2 R glatt rechts arb. In der 3. R beids 1 M zun. In der 4. R beids 7 M zusätzlich anschlagen =32 M. 2 R gerade hoch arb. Jetzt 8 x in jeder R beids je 1 M abn, und danach beids 3 M abketten. Die restlichen mittleren 10 M über 14 R gerade hoch arb. Dann 3 x in jeder R beids 1 M abn. Die restlichen 4 M abk.

Ohren

2 x anfertigen. 10 M anschlagen, 1 R glatt rechts arb, dann in jeder R beids 1 M abn. Die restlichen 2 M zusstr.

Fertig stellen

Teile spannen, anfeuchten und trocknen lassen. Körpernähte schließen, Fäden vernähen. Kopf gemäß Vorlage zusnähen. Dabei Ohren doppelt legen und seitlich mit einnähen. Kopf an den Körper nähen, eine Lücke zum Füllen lassen, mit Füllwatte auspolstern und zunähen. Glasaugen annähen, Nüstern im Knötchenstich (4 x gewickelt) in Lila aufsticken. Mund im Stilstich aufsticken. Für die Mähne 62 Fäden von 13 cm Länge in Lila zuschneiden und mit der Häkelnd einknüpfen. Für einen guten Stand die Mähne eventuell mit Haarspray fixieren.

Frosch Knuddel

→ küssen? Aber bitte schön!

GRÖSSE
ca. 26 cm hoch (mit Beine)

MATERIAL
- Schachenmayr Brazilia Color in Olivgrün (Fb 108), 100 g
- Schachenmayr Brazilia in Gelb-Grün (Fb 21), 50 g
- 1 Paar Stricknd Nr. 4,5-5,5
- Häkelnd Nr. 4,5-5,5
- 2 Wackelaugen, ø 2 cm
- Filzrest in Rot
- evtl. Pompon-Set oder 2 Pappscheiben, ø 2 cm
- Füllwatte
- Nähnd
- Nähseide in Rot
- UHU Alleskleber

MASCHENPROBE
(Brazilia Color, Nd Nr. 4,5)
18 M und 28 R = 10 cm x 10 cm

VORLAGEN-BOGEN 1B

Grundmuster
Glatt rechts: Hinr rechts, Rückr links

Rippenmuster
Hinr 1 M rechts, 1 M links im Wechsel, Rückr M str, wie sie erscheinen

Körper
2 x in Olivgrün anfertigen. Dazu 24 M anschlagen und 4 R im Rippenmuster arb, anschließend 40 R glatt rechts gerade hoch arb. Dann 8 x in jeder R beids je 1 M abn und 2 x in jeder 2. R beids je 1 M abn. 2 R glatt rechts str und restliche 4 M abk.

Maul
4 M in Gelb-Grün anschlagen und 2 R glatt rechts str. Dann über 4 R in jeder 2. R beids je 1 M zun, anschließend 8 x in jeder R beids je 1 M zun. 6 R gerade hoch arb. Nun 8 x in jeder R beids je 1 M abn und 2 x in jeder 2. R beids je 1 M abn. 2 R glatt rechts str und die restlichen 4 M abk.

Arme
2 x in Olivgrün anfertigen. 14 M anschlagen und 42 R gerade hoch arb. Die Arbeit in 2 x 7 M teilen und beide Teile getrennt wie folgt beenden: 3 x in jeder 2. R beids je 1 M zun. Danach alle M abk.

Fertig stellen
Teile spannen, anfeuchten und trocknen lassen. Maul mittig zusammenklappen und in die beiden Hälften des Froschkörpers einpassen und annähen. Seitennähte des Körpers schließen. Arme zusnähen, am oberen Rand eine Lücke lassen. Pro Arm 4 Häkelnoppen in Gelb-Grün (4-fach durchgezogen) an die Froschhand häkeln. Arme mit Füllwatte ausstopfen und die obere Lücke schließen, in dem sie seitlich an den Körper genäht wird. 2 Pompons in Gelb-Grün anfertigen, an die Puppenoberseite als Augen annähen und Wackelaugen aufkleben. Zunge aus rotem Filz gemäß Vorlage zuschneiden, an der Bruchlinie festnähen und zuskleben. Alle Fäden vernähen.

Dino-Echse

→ mit Lizenz zum Kuscheln und Lachen

GRÖSSE
ca. 16 cm lang (ohne Schwanz)

MATERIAL
- Schachenmayr Hip Hop in Grün-Weiß (Fb 81), 50 g
- 1 Paar Stricknd Nr. 7-8
- 2 Plastik-Katzenaugen in Grün-Schwarz, ø 1,4 cm
- Filzreste in Rosa und Gelb
- 2 Rocailles mit Silbereinzug in Grün, ø 2,6 mm
- Nähnd
- UHU Alleskleber

MASCHEN-PROBE
(Hip Hop, Nd Nr. 7)
8 M und 14 R = 10 cm x 10 cm

VORLAGEN-BOGEN 2A

Grundmuster
Glatt rechts: Hinr rechts, Rückr links

Rippenmuster
Hinr 1 M rechts, 1 M links im Wechsel, Rückr M str, wie sie erscheinen

Körper
2 x anfertigen. 12 M anschlagen und 2 R im Rippenmuster str, dann 20 R glatt rechts gerade hoch arb. Anschließend in jeder 2. R beids je 1 M abn. Restliche 6 M nach 6 R abketten.

Maul
6 M anschlagen, in jeder 2. R beids je 1 M zun. Nach 6 R sind 12 M erreicht. Weitere 6 R glatt rechts gerade hoch arb. Jetzt in jeder 2. R beids je 1 M abn, restliche 6 M nach 6 R abketten.

Fertig stellen
Teile spannen, anfeuchten und trocknen lassen. Maul mittig zusammenklappen und in die beiden Hälften des Körpers einpassen und annähen. Seitennähte des Körpers schließen, Faden vernähen. Zunge aus rosa Filz, Zackenkamm aus gelbem Filz nach Vorlage zuschneiden, annähen und zusammenkleben. Augen und Perlen als Nasenlöcher annähen.

Mein Lieblingsstern

→ passt immer gut auf

GRÖSSE
ca. 26 cm hoch (mit Beine)

MATERIAL
- Schachenmayr Brazilia in Gelb-Grün (Fb 21), 100 g
- Schachenmayr Brazilia in Orange (Fb 28), 50 g
- 1 Paar Stricknd Nr. 4,5-5,5
- Häkelnd Nr. 6
- 2 Wackelaugen, ø 1,5 cm
- 2 Holzperlen in Orange, ø 1 cm
- Nähnd
- UHU Alleskleber

MASCHENPROBE
(Brazilia, Nd Nr. 4,5)
18 M und 28 R = 10 cm x 10 cm

VORLAGENBOGEN 2B

Grundmuster

Glatt rechts: Hinr rechts, Rückr links

Anleitung

Stern nach Zählmuster 2 x in Gelb-Grün str. Das Zählmuster enthält keine Rdm. Darum immer am rechten und linken Rand je 1 Rdm zusätzlich anschlagen.

Beine und Füße

Für die Beine Brazilia in Orange doppelt nehmen und 30 Lm häkeln. Anfang und Ende verknoten, Perle aufziehen und noch 4 x verknoten. In den vorderen Stern unten gemäß der Abbildung einziehen. Für die Füße 7 Lm häkeln und 3 R 6 fM häkeln. Dann beids 3 Lm zun und 3 R 12 fM häkeln. Faden durchziehen und abschneiden.

Fertig stellen

Teile spannen, anfeuchten und trocknen lassen. Nähte schließen, Fäden vernähen. Die Füße an die Beine nähen, dazu die Füße zuerst unten und seitlich schließen und oben offen lassen. Jetzt die Beine bis zur Perle einlegen und fest nähen. Die 4 Knoten geben dem Fuß Halt. Augen aufkleben. Eine Häkelnoppe (4 x durchziehen) als Nase anbringen und den Mund im Stilstich sticken.

GRÖSSE
Meerjungfrau
ca. 14 cm hoch
Octopussi
ca. 10 cm hoch

MATERIAL
- 1 Paar Strickn d Nr. 2-3
- Häkelnd Nr. 2-3
- Füllwatte
- UHU Alleskleber

MEERJUNGFRAU
- Regia 4fädig in Hellgrün (Fb 622), Hellbeige (Fb 17), Orange (Fb 1259) und Hellblau (Fb 1945), je 50 g bzw. Rest
- Pailletten in Grün, ø 6 mm
- Rocailles in Grün, ø 2,6 mm
- Filzrest in Hellgrün
- Stoffblüte in Weiß, ø 2 cm
- Nähseide in Grün

OCTOPUSSI
- Regia 4fädig in Türkis (Fb 1255), 50 g
- Schachenmayr Brazilia Rest in Gelb-Grün (Fb 21)
- 2 ovale Wackelaugen, 8 mm lang

MASCHENPROBE
(Regia, Nd Nr. 2)
30 M und 42 R = 10 cm x 10 cm

VORLAGEN-BOGEN 2A

Grundmuster

Glatt rechts: Hinr rechts, Rückr links

Rippenmuster

Hinr 1 M rechts, 1 M links im Wechsel, Rückr M str, wie sie erscheinen

Meerjungfrau

Streifenfarbfolge

19 R Hellgrün, 2 R Hellbeige, 4 R Hellgrün, 14 R Hellbeige

Körper

20 M anschlagen und nach Streifenfarbfolge wie folgt weiterstr: 5 R im Rippenmuster str und 30 R glatt rechts gerade hoch arb. Für die Abnahme Rdm str, dann 9 x 2 M zusstr und Rdm str. Dann 1 R alle M str, wie sie erscheinen. In der folgenden R die M wie folgt str: Rdm, 2 M zusstr, 2 M zusstr, 1 M rechts, 2 M zusstr, 2 M zusstr, Rdm. Letzte 7 M mit einem Faden zusziehen.

Arme

2 x anfertigen. 12 M anschlagen und 10 R glatt rechts gerade hoch arb, dann alle M abk.

Fertig stellen

Körper- und Ärmelnähte schließen, Arme annähen. Filzschwanz und Bikini aus grünem Filz nach Vorlage zuschneiden. Augen im Knötchenstich, Mund im Stilstich aufsticken. Kopf ausstopfen und mit einem Faden in Höhe der 26. R in Hellbeige zusziehen. Für die Haare ca. 15 cm lange Fäden in Orange zuschneiden und mit der Häkelnd in den Kopf einknüpfen. Die Pailletten überlappend am Kopf annähen, die Stoffblüte im Haar festknoten. Bikini annähen. Den Filzschwanz mittig annähen und Pailletten mit Rocailles auf dem Körper und dem Schwanz verteilt festnähen. Alle Fäden vernähen. Das Schwanzhinterteil mit Klebstoff dagegen kleben. Rocailles auffädeln und als Kette um den Arm und den Hals festnähen.

Tipp: Die Blüte kann auch aus weißem Filz nach der Vorlage für die Elfenblüte (Vorlagenbogen 2A) hergestellt werden.

Octopussi

Körper komplett in Türkis wie den Körper der Meerjungfrau str.

Fertig stellen

Körper zusnähen. Für die Haare in Gelb-Grün 5 Lm häkeln, mit 1 Km zur Rd schließen. Dann 5 x 6 Lm häkeln, mit fM enden, in den Ring einarb. Auf dem Kopf festnähen. Wackelaugen aufkleben. Kopf ausstopfen und mit einem Faden in Höhe der 26. R zusziehen. 8 Fangarme um den Körper häkeln. Dafür 1 fM häkeln, dann *19 Lm häkeln und in diese 18 fM einarbeiten. Mit 2 fM an den Körper häkeln*, von * bis * noch 7 x wdh, mit 1 fM enden. Alle Fäden vernähen.

Meerjungfrau & Octopussi

→ vom Meeresgrund aufgetaucht

GRÖSSE
Elfe ca. 9 cm hoch
Wichtel ca. 12 cm hoch

MATERIAL

- Regia 6fädig in Hellbeige (Fb 17), 50 g und Rest in Rot (Fb 2002)
- 1 Paar Stricknd Nr. 3-4
- je 2 Wackelaugen, ø 3 mm
- Rocailles in verschiedenen Farben mit Silbereinzug, ø 4 mm
- Füllwatte
- UHU Alleskleber

ELFE

- Regia 6fädig Crazy Colors in Crazy Bonbon (Fb 5404), 50 g und Rest in Gelb (Fb 2041)
- Organzaband in Mais 4 cm breit, 10 cm lang
- Filzreste in Gelb und Rosa
- Nähseide in Grün

WICHTEL

- Regia 6fädig Crazy Colors in Crazy Dschungel (Fb 5264), 50 g
- Häkelnd Nr. 3-4
- Filzrest in Hellgrün
- 2 Zahnstocher

MASCHENPROBE
(Regia, Nd Nr. 3)
22 M und 30 R
= 10 cm x 10 cm

VORLAGENBOGEN 2A

Kleine Elfe & Wichtel

→ im Wald geschieht so mancher Zauber

Grundmuster

Glatt rechts: Hinr rechts, Rückr links

Rippenmuster

Hinr 1 M rechts, 1 M links im Wechsel, Rückr M str, wie sie erscheinen

Streifenfarbfolge

Elfe: 19 R Crazy Bonbon, 10 R Hellbeige

Wichtel: 15 R Crazy Dschungel, 6 R Rot, 6 R Hellbeige, 12 R Crazy Dschungel

Körper Elfe & Wichtel

16 M anschlagen und gemäß Streifenfarbfolge 5 R im Rippenmuster str, dann glatt rechts 20 R gerade hoch arb.

Kopfende Elfe

Rdm, * 2 M rechts zusstr *, von * bis * noch 6 x wiederholen, Rdm. Noch eine weitere R so str, dann 1 R glatt rechts str und restliche 5 M mit Faden zusziehen.

Mütze Wichtel

Beids in jeder 2. R 1 M abn. Nach 12 R restliche 4 M zusziehen.

Arme Elfe & Wichtel

Je 2 x anfertigen. 8 M in Crazy Bonbon (für Elfe) oder in Rot (für Wichtel) anschlagen und 10 R glatt rechts gerade hoch arb. Alle M abk.

Fertig stellen

Körper- und Ärmelnähte schließen. Ärmel annähen. Kopf mit Füllwatte ausstopfen und in Höhe der 19. R mit einem Faden abbinden, Faden vernähen. Mund im Stilstich aufsticken. Augen aufkleben.

Elfe: Haare in Gelb im Knötchenstich (12 x gewickelt) rund um den Kopf verteilt sticken. Je 2 Filzblumen in Rosa und Gelb nach Vorlage zuschneiden und mit je einer Perle annähen; 3 Blumen am Körper und 1 Blume an der Hand. Aus Crazy Bonbon 2 Fäden zuschneiden und zu einer Schlaufe um den Hals binden, Enden mit je einer Perle versehen und verknoten. Perlen auffädeln und um den linken Arm binden und festnähen. Für die Flügel gelben Organza in Längsrichtung halbieren, mit der Schere abrunden und auf der Rückseite der Elfe festnähen.

Wichtel: Haare in Braun als Bart einknüpfen und auf 1,5 cm kürzen. Eine Filzblume in Grün zuschneiden und mit einer Perle auf die Hand nähen. Zahnstocher an die andere Hand nähen und die Spitzen abschneiden.

Prinzessin Lilli & Prinz Tobi

→ geben einen königlichen Empfang

GRÖSSE
Prinzessin ca. 11 cm hoch
Prinz ca. 10 cm hoch

MATERIAL
- Regia 4fädig, Rest in Türkis (Fb 1255) und Rot (Fb 2002)
- 1 Paar Stricknd Nr. 2-3
- Häkelnd Nr. 2-3
- Filzrest in Gelb
- Füllwatte
- Nähnd
- UHU Alleskleber

PRINZESSIN
- Regia 4fädig in Rosa-Rot (Fb 1258), Gelb (Fb 2041) und Hellbeige (Fb 17), je 50 g
- Plastik-Facettenperlen in Kristall, ø 4 mm
- Tüllrest in Rosa

PRINZ
- Regia 4fädig in Mittelblau (Fb 1988), Hellbeige (Fb 17) und Dunkelbraun (Fb 2903), je 50 g
- Indianerperle in Gelb, ø 4,5 mm
- Filzrest in Dunkelrot
- Bleistift

MASCHENPROBE
(Regia, Nd Nr. 2)
30 M und 42 R = 10 cm x 10 cm

VORLAGENBOGEN 2B

Grundmuster
Glatt rechts: Hinr rechts, Rückr links

Rippenmuster
Hinr 1 M rechts, 1 M links im Wechsel, Rückr M str, wie sie erscheinen

Streifenfarbfolge
Prinzessin: 27 R in Rosa-Rot, 12 R in Hellbeige

Prinz: 27 R in Mittelblau, 12 R in Hellbeige

Anleitung
20 M anschlagen und 5 R im Rippenmuster gemäß Streifenfarbfolge str, dann 30 R glatt rechts gerade hoch arb. Für die Abnahme Rdm str, dann 9 x 2 M zustr und Rdm str. Dann 1 R alle M str, wie sie erscheinen. In der folgenden R die M wie folgt str: Rdm, 2 M zusstr, 2 M zusstr, 1 M rechts, 2 M zusstr, 2 M zusstr, Rdm. Die letzten 7 M mit einem Faden zusziehen.

Ärmel
Je 2 x anfertigen. Für die Prinzessin in Rosa-Rot, für den Prinz in Mittelblau. 12 M anschlagen und 2 R glatt rechts gerade hoch arb, dann 2 x in jeder 2. R beids je 1 M abn, restliche 8 M über 10 R gerade hoch arb, dann alle M abk.

Fertig stellen
Körper- und Ärmelnähte schließen, Ärmel annähen. 2 Kronen aus Filz in Gelb und ein Cape in Rot gemäß Vorlage zuschneiden. Augen im Knötchenstich, Mund im Stilstich aufsticken. Kopf ausstopfen und mit einem Faden in Höhe der 27. R in Hellbeige zusziehen, den Faden vernähen.

Prinzessin: Für die Haare 20 cm lange Fäden in Gelb zuschneiden und mit der Häkelnd in den Kopf knüpfen. Die Krone zwischen 2 Fäden legen und zuskleben. Rock aus Tüll 2 x (23 cm x 4,5 cm) zuschneiden und doppelt legen. Garn an der Längsseite in Rosa-Rot durchziehen, raffen und an der Figur annähen. Die Enden mit je 2 Perlen versehen und verknoten. Perlen in Kristall auffädeln und Ketten an Arm und Hals befestigen.

Prinz: Für die Haare Knötchenstiche (7 x umwickelt) in Dunkelbraun um den Kopf herum anbringen. Die Krone dazwischen annähen und zuskleben. Mit der Häkelnd Bartschlingen häkeln: Dafür einstechen, Schlinge über den Bleistift holen und fM häkeln. Indianerperle annähen und Cape aus dunkelrotem Filz umbinden.

Biene Tip & Libelle Top

→ summ, summ, summ, was fliegt denn da herum?

GRÖSSE
Biene ca. 12 cm hoch
Libelle ca. 12 cm hoch

MATERIAL
- Regia 4fädig, Rest in Rot (Fb 2002)
- 1 Paar Stricknd Nr. 2-3
- je 2 Wackelaugen, ø 7 mm
- Nähnd
- UHU Alleskleber

BIENE
- Regia 4fädig in Schwarz (Fb 2066) und Gelb (Fb 2041), je 50 g
- Organzaband in Mais, 4 cm breit, 25 cm lang
- Chenilledraht in Schwarz, ø 6 mm

LIBELLE
- Regia 4fädig in Grün (Fb 1254) und Hellgrün (Fb 622), je 50 g
- Organzaband in Hellgrün, 4 cm breit, 25 cm lang
- Chenilledraht in Grün, ø 6 mm

MASCHENPROBE
(Regia, Nd Nr. 2)
30 M und 42 R = 10 cm x 10 cm

Grundmuster

Glatt rechts: Hinr rechts, Rückr links

Rippenmuster

Hinr 1 M rechts, 1 M links im Wechsel, Rückr M str, wie sie erscheinen

Streifenfarbfolge

Biene: 5 R Schwarz, * 2 R Gelb, 2 R Schwarz *, von * bis * noch 5 x wiederholen, 10 R Gelb = 39 R

Libelle: 5 R Grün, * 2 R Hellgrün, 2 R Grün *, von * bis * noch 1 x wiederholen, dann * 1 R Hellgrün, 1 R Grün *, von * bis * noch 6 x wdh, 12 R Hellgrün = 39 R

Anleitung

20 M anschlagen und 5 R im Rippenmuster und dann gemäß der Streifenfarbfolge str. 30 R glatt rechts gerade hoch arb. Für die Abnahme Rdm str, dann 9 x 2 M zustr und Rdm str. Dann 1 R alle M str, wie sie erscheinen. In der folgenden R die M wie folgt str: Rdm, 2 M zusstr, 2 M zusstr, 1 M rechts, 2 M zusstr, 2 M zusstr, Rdm. Die letzten 7 M mit einem Faden zusziehen.

Fertig stellen

Körpernaht schließen. Chenilledraht auf 12 cm kürzen und mittig am Kopf befestigen. Fühlerenden einrollen. Augen aufkleben, Mund in Rot im Maschenstich aufsticken. Alle Fäden vernähen.

Flügel Biene: Organzaband doppelt nehmen und auf der Rückseite mittig festnähen.

Flügel Libelle: Organzaband in der Mitte und in Längsrichtung durchschneiden. Die Enden abrunden und auf der Rückseite mittig festnähen und dabei die Flügel überkreuzen.

Drei Schmetterlingsfreunde

→ flatterhafte, farbenfrohe Gesellen

GRÖSSE
ca. 13 cm hoch

MATERIAL
- Regia 4fädig Ringel Colors in Ringel Atlantik (Fb 5045), Ringel Clown (Fb 5048), Ringel Papagei (Fb 5047), je 50 g
- 1 Paar Stricknd Nr. 2-3
- je 2 ovale Wackelaugen, 8 mm lang
- Pailletten in unterschiedlichen Farben, ø 6 mm
- je 2 Indianerperlen in Gelb, Rot und Hellblau, ø 4,5 mm
- Filzreste in Dunkelblau, Gelb und Rosa
- Chenilledraht in Mittelblau, Gelb und Pink, ø 6 mm
- Nähnd
- UHU Alleskleber

MASCHENPROBE
(Regia, Nd Nr. 2)
30 M und 42 R =
10 cm x 10 cm

VORLAGEN-BOGEN 2B

Grundmuster

Glatt rechts: Hinr rechts, Rückr links

Rippenmuster

Hinr 1 M rechts, 1 M links im Wechsel, Rückr M str, wie sie erscheinen

Anleitung

20 M anschlagen und 5 R im Rippenmuster str. 30 R glatt rechts gerade hoch arb. Für die Abnahme Rdm str, dann 9 x 2 M zustr und Rdm str. Dann 1 R alle M str, wie sie erscheinen. In der folgenden R die M wie folgt str: Rdm, 2 M zusstr, 2 M zusstr, 1 M rechts, 2 M zusstr, 2 M zusstr, Rdm. Die letzten 7 M mit einem Faden zusziehen.

Fertig stellen

Körpernaht schließen, Faden vernähen. Chenilledraht auf 14 cm kürzen und mittig am Kopf befestigen. Fühlerenden biegen, eine Indianerperle einkleben. Augen aufkleben, Nase mit einem 4-fach gewickelten Knötchenstich in Kontrastfarbe aus dem Knäuel sticken. Flügel gemäß Vorlage je 2 x aus Filz zuschneiden, auf der Rückseite mittig festnähen und den zweiten Flügel dagegen kleben. Passende Pailletten aufkleben.

Hinweis: Zum genauen Nacharbeiten bitte an der Abbildung orientieren.

Armschlange Jambo

→ keine Angst vor wilden Tieren

GRÖSSE
ca. 42 cm lang
(ohne Zunge)

MATERIAL

- Schachenmayr Brazilia in Gelb-Grün (Fb 21), Neon-Orange (Fb 25), Neon-Pink (Fb 39) und Neon-Grün (Fb 76), je 50 g
- 1 Paar Stricknd Nr. 4,5-5,5
- 2 Wackelaugen, ø 2 cm
- Filzrest in Orange
- Nähnd
- Nähseide in Orange
- UHU Alleskleber

MASCHENPROBE
(Brazilia, Nd Nr. 4,5)
18 M und 28 R =
10 cm x 10 cm

VORLAGEN-BOGEN 2A

Grundmuster

Glatt rechts: Hinr rechts, Rückr links

Streifenfarbfolge

36 R Gelb-Grün, 28 R Neon-Orange, 36 R Neon-Pink, 28 R Neon-Grün

Anleitung

4 M in Gelb-Grün anschlagen und gemäß der Streifenfarbfolge weiter arb. 2 R str, 2 x in jeder R beids je 1 M zun, anschließend 16 x in jeder 2. R beids je 1 M zun = 40 M. Nun in jeder 18. R beids je 1 M zun. Nach insgesamt 128 R alle 50 M abk.

Fertig stellen

Teil spannen, anfeuchten und trocknen lassen. Schlange zusnähen. Die Zunge nach Vorlage aus Filz zuschneiden, in der Mitte annähen und zuskleben. Wackelaugen ankleben.

Tipp: Diese einfache Schlange können Sie super mit Wollresten stricken.

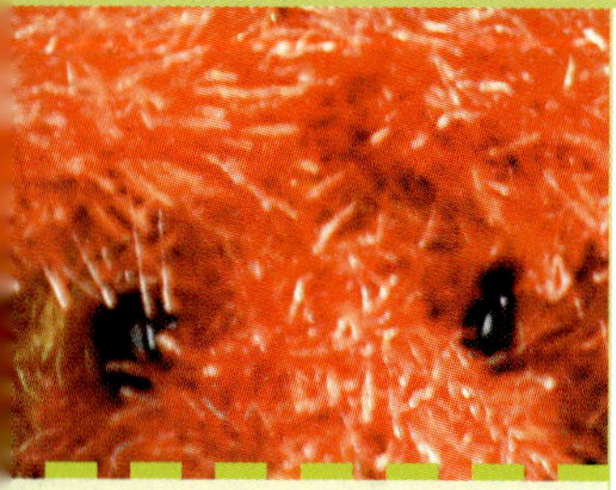

Dackelchen Lumpi

→ Hausfreund mit Schlappohren

GRÖSSE
ca. 36 cm lang
(ohne Schwanz)

MATERIAL

- Schachenmayr Brazilia Fantasy Color in Rot-Orange (Fb 383), 150 g
- Schachenmayr Brazilia in Orange (Fb 28), 50 g
- Regia 4fädig, Rest in Gelb (Fb 2041)
- 1 Paar Stricknd Nr. 4,5-5,5
- 2 Glastieraugen in Topas, ø 1,8 cm
- Füllwatte
- Nähnd

MASCHENPROBE
(Brazilia Fantasy Color und Brazilia, Nd Nr. 4,5)
18 M und 28 R =
10 cm x 10 cm

Grundmuster

Glatt rechts: Hinr rechts, Rückr links

Rippenmuster

Hinr 1 M rechts, 1 M links im Wechsel, Rückr M str, wie sie erscheinen

Körper

4 M anschlagen und 4 R im Grundmuster gerade hoch arb. Anschließend 18 x in jeder R beids je 1 M zun und 5 x in jeder 2. R beids je 1 M zun. Dann 4 R im Rippenmuster arb. Zum Schluss glatt rechts 88 R gerade hoch arb. Nach insgesamt 120 R alle M abketten.

Ohren

2 x arb. Dafür 10 M anschlagen und 28 R glatt rechts gerade hoch arb. Dann 3 x in jeder R beids 1 M abn, die restlichen 4 M abketten.

Schwanz

8 M anschl und 36 R glatt rechts gerade hoch arb. In der 37. R gleichmäßig verteilt 3 M rechts zusstr, weitere 4 R glatt rechts gerade hoch arb und in der 41. R 3 M rechts überzogen zusstr. Weiter gerade hoch arb und in der 46. R die restlichen 3 M abk.

Füße

4 x arb, dafür 20 M anschlagen und 6 R gerade hoch arb, dann beids 1 M abn. In der folgenden R beids 3 M abk. Restliche mittlere 12 M gerade hoch arb, dann alle M abk.

Fertig stellen

Teile spannen, anfeuchten und trocknen lassen. Füße zusnähen und mit Füllwatte ausstopfen. Schwanz zusnähen. Nase und Schnauze mit mehreren Spannstichen in Regia ausarbeiten. Augen, Ohren, Schwanz und Füße annähen. Alle Fäden vernähen.

DIESES BUCH ENTHÄLT 2 VORLAGENBOGEN

IMPRESSUM

Ich danke Renate Herrenknecht, meiner Mutter, weil sie mich die Liebe zur Wolle und den Umgang damit lehrte.

FOTOS: frechverlag GmbH, 70499 Stuttgart; Fotostudio Ullrich & Co., Renningen
DRUCK: frechdruck GmbH, 70499 Stuttgart

Auflage:	5.	4.	3.	2.	1.	
Jahr:	2009	2008	2007	2006	2005	[Letzte Zahlen maßgebend]

ISBN 3-7724-6610-9
Best.-Nr. 6610